Dieses Buch gehört

WAS IST WAS

Mein erstes Lexikon

TESSLOFF

Liebe Eltern,

Ihr Kind entdeckt jeden Tag etwas Neues und erobert Schritt für Schritt seine Welt. Mit den altersgerechten Vorlesetexten, abwechslungsreichen Illustrationen und lustigen Spielen unterstützen Sie Ihr Kind mit viel Freude beim Wissenserwerb.
Viel Spaß dabei!

Liebe/r

.... ,

was möchtest du zuerst entdecken? Tauche ein in die fröhliche und bunte Welt! Die kleinen Bilder zeigen dir, was dich auf der Seite erwartet.
Los geht's!

Das Inhaltsverzeichnis

TAtüü
TAtaaa

Hier seht ihr alle Themen.
Was wollen wir uns
zuerst ansehen?

Verwandtschaft

Wenn deine Eltern einen Bruder oder eine Schwester haben, sind das dein Onkel und deine Tante. Ihre Kinder sind deine Cousins und Cousinen.

Maries **Cousine** hat einen Luftballon unter dem T-Shirt versteckt.

Du hast **Geschwister,** wenn du Brüder oder Schwestern hast.

Die Familie

Marie hat heute ihren fünften Geburtstag und ihre Familie feiert mit ihr ein Grillfest im Garten. Zu Maries Familie gehören ihre Eltern, ihre Geschwister und ihre Großeltern. Maries Verwandte sind auch zur Feier gekommen: Onkel und Tante, Cousin und Cousine. Zur Erinnerung an den schönen Tag macht Maries Schwester Lea Fotos. Maries Bruder Florian hilft seinem Onkel beim Grillen.

Auf dem Dach
ist die Satellitenschüssel oder Parabolantenne angebracht. Man braucht sie, um Fernsehprogramme zu empfangen. Die Solaranlage wird von der Sonne erwärmt. Die Wärme wird ins Haus geleitet und macht das Wasser warm, das im Haus genutzt wird. Die Solaranlage kann aus Sonnenlicht auch Strom erzeugen.

Das Haus

In diesem Haus wohnen Leonie und Tom mit Mama und Papa. Durch die Fenster kannst du in die Räume schauen. Siehst du das Esszimmer mit dem Esstisch und das Wohnzimmer mit dem Fernseher? Zum Haus gehören nicht nur die Zimmer innen, sondern auch die Terrasse und der Garten außen. Das Auto der Familie steht unter dem Carport. Hier ist es vor Regen, Schnee und Sonne geschützt. Oft wohnen auch mehrere Familien in einem Mehrfamilienhaus. Jede Familie hat darin eine eigene Wohnung.

Das Haus hat mehrere **Stockwerke**. Unter dem Dach ist der Dachboden. Darunter ist der erste Stock. Unten ist das Erdgeschoss. Manche Häuser haben auch noch einen Keller.

Im Wohnzimmer

Leonie und Tom dürfen vor dem Zubettgehen noch einen Film über Tiere im Zoo anschauen. Dazu kommen alle ins Wohnzimmer. Auf dem großen Sofa können sie gemütlich zusammensitzen. Im Wohnzimmer gibt es den Fernseher und den DVD-Spieler zum Filmeschauen. Zum Musikhören steht ein CD-Spieler bereit und zum Lesen und Anschauen gibt es Bücher und Zeitschriften. Mit dem Crosstrainer machen Mama und Papa Sport.

Tick
Tack
Auf der **Wanduhr** kannst du sehen, wie spät es ist. Der kleine Zeiger zeigt die **Stunden** und der große Zeiger die **Minuten**.
Ich lasse den Rollladen ein bisschen herunter, damit die Sonne nicht auf den Fernseher scheint.
der Rollladen
der Fernseher
das Telefon
die Fernbedienung
der DVD-Spieler
die Kommode
der Wohnzimmertisch
die DVD
der Crosstrainer
das Sofakissen
die Zeitschrift
das Sofa

Im **Kühlschrank** werden die Lebensmittel aufbewahrt, die gekühlt werden müssen. So bleiben sie länger frisch.

In der Küche

In der Küche wird das Essen gekocht, gebraten und gebacken. Heute gibt es eine leckere Pizza zum Abendessen. Alle helfen beim Kochen mit. Leonie hat Gemüse in kleine Stücke geschnitten und Tom streicht Tomatensoße auf den Pizzateig. Dann kann jeder auf sein Stück Pizza legen, was er am liebsten essen mag. Im Backofen wird die Pizza gebacken. Zum Nachtisch kocht Papa noch einen Pudding. Mit dem Schneebesen rührt er den Pudding im Topf, damit er nicht anbrennt.

der Einkaufskorb

die Flaschentasche

Die Küchengeräte

In der Küche gibt es viele Geräte, die die Arbeit erleichtern. Sie funktionieren mit Strom. Mit dem Handmixer kann man Sahne schlagen oder Teig rühren, ohne sich anzustrengen.

Essen und Trinken

Hier siehst du Dinge, die man essen und trinken kann. Man nennt sie auch Lebensmittel, weil wir sie zum Leben brauchen. Obst und Gemüse sind besonders gesund. In manche Lebensmittel kannst du einfach hineinbeißen und sie roh essen. Andere Lebensmittel muss man vor dem Essen erst kochen.

Benni, runter vom Tisch! Hier gibt es nichts für dich!
Wuff Wuff
Wenn du Mineralwasser und Saft mischst, hast du eine **Saftschorle**.
das Mineralwasser
das Glas
der Apfelsaft
der Orangensaft
die Wurst
der Teller
Der **Käse** wird aus der Milch von Kühen oder Ziegen gemacht.
der Teebeutel
der Tee
der Salzstreuer
das Ei
der Eierbecher
das Messer
die Butter
die Milch
die Marmelade
Der **Honig** wird von Bienen gemacht.
der Strohhalm
der Kakao
das Müsli
die Schale
die Gabel
der Kuchen
die Kuchenplatte
die Kekse
die Schokolade

Im Kinderzimmer

Tom und Leonie haben zusammen ein Kinderzimmer. Hier schlafen sie und können mit ihren Spielsachen spielen. Es gibt auch einen Schreibtisch, an dem sie malen und basteln können. Das macht Tom besonders viel Spaß. Leonie spielt lieber mit den Puppen und lässt die Spielzeugautos über den Spielteppich sausen. Hast du auch ein Lieblingsspielzeug?

die Deckenlampe
das Kuscheltier
das Mobile
die Bettdecke
das Kopfkissen
der Kleiderbügel
Bei einem **Stockbett** ist unten ein Bett und darüber noch eins. Tom schläft oben. Über die Leiter klettert er abends hinauf.
die Leiter
die Matratze
der Nachttisch
der Kleiderschrank
der Ball
die Puppe
das Spielzeugauto
der Spielteppich
die Schublade
der Tunnel
der Zug
die Spielzeugeisenbahn
die Spielzeugkiste
der Bauklotz

Die Kleidung

Je nachdem, ob es Tag oder Nacht ist, Sommer oder Winter, brauchen wir unterschiedliche Kleidung. Vor dem Schlafengehen ziehst du einen Schlafanzug oder ein Nachthemd an. Im Winter kannst du einen Schal, Handschuhe und eine dicke Winterjacke anziehen, damit du nicht frierst. Die Kleidung schützt unseren Körper vor Kälte, Regen und zu viel Sonnenschein. Sie ist aber nicht nur nützlich, sondern sieht meistens auch schön aus!

Schuhe

schützen unsere Füße vor Nässe, Kälte und spitzen Steinen. Manchmal macht es aber auch Spaß, barfuß zu laufen, zum Beispiel auf einem weichen Teppich oder über den Sand im Sandkasten. Probiere es aus! Ziehe deine Schuhe und Strümpfe aus und spüre, wie sich der Boden an deinen Füßen anfühlt.

Was kannst du schon alles allein anziehen?

Im Badezimmer

Leonie und Tom sind im Badezimmer und haben gebadet. Jetzt föhnt Mama Leonie die nassen Haare trocken. Auch Stoffhund Schnuffel mag die warme Luft aus dem Föhn! Tom hat Pipi gemacht und drückt die Toilettenspülung. Wasser läuft durch die Toilette und macht sie wieder sauber. Im Badezimmer kannst du dir die Haare kämmen, die Zähne putzen und dich waschen. Dafür gibt es das Waschbecken und eine Dusche oder Badewanne. Wie bei Leonie und Tom ist manchmal auch die Toilette im Badezimmer.

Der **Spiegel** im Badezimmer ist manchmal mit winzigen Wassertröpfchen beschlagen. Sie kommen aus der Luft, die nach dem Baden oder Duschen ganz warm und feucht ist.
der Handtuchhalter
die Seife
die Zahnpasta
die Zahnbürste
das Waschbecken
der Zahnputzbecher
der Föhn
Die **Badeente** darf mit ins Wasser, wenn Leonie und Tom baden. Oft kommt auch der Fisch mit. Hast du ihn schon entdeckt?
der Hocker
die Haarbürste
die Badematte

Die Haustiere

Ein Haustier lebt bei uns im Haus oder im Garten. Es hat einen Namen und gehört zu unserer Familie. Viele Leute haben eine Katze oder einen Hund, mit denen sie spielen und kuscheln können. Manche Leute halten sich Vögel und versuchen sogar, ihnen das Sprechen beizubringen. Um ein Haustier muss man sich immer kümmern. Es braucht Auslauf und Pflege, einen sauberen Käfig oder Korb und das passende Futter. Habt ihr auch ein Haustier?

Die Fische leben im **Aquarium**. Das Aquarium ist ein großer Kasten aus Glas oder Kunststoff, der mit Wasser gefüllt ist.

Im **Terrarium** kannst du Tiere halten, die es trocken und warm mögen, aber auch gerne eine Wasserstelle haben.

Der **Hamster** schläft am Tag und ist in der Nacht wach.

Rassen

Hunde oder Katzen können ganz unterschiedlich aussehen. Die verschiedenen Rassen sind groß oder klein, mit langem Fell oder kurzem. Hunde und Katzen, die zur selben Rasse gehören, sehen gleich aus. Ein Beagle etwa hat immer ein kurzes Fell und ein Golden Retriever ist immer groß.

Vögel sind nicht gern allein. Sie wollen immer mindestens zu zweit sein.

Im Garten

Komm mit in den Garten! Siehst du die bunten Blumen? In den Beeten hat Gärtner Martin leckeres Gemüse und Salat gepflanzt. In der Kräuterspirale wachsen würzige Kräuter. Manches ist schon reif zum Essen und Martin erntet es.

Im **Gartenhaus** hat Martin die Gartengeräte aufgeräumt. So sind sie vor Regen geschützt und rosten nicht.

Der **Gimpel** wird auch **Dompfaff** genannt. Er frisst gerne Brombeeren.

die Rose
die Regentonne
die Gießkanne
Die **Sonnenblume** kann sehr hoch wachsen. Sie ist dann sogar größer als du!
Der **Nistkasten** ist ein guter Platz zum Brüten. Hier hat der Sperling ein Nest für seine Jungen gebaut. Der **Sperling** wird auch **Spatz** genannt.
der Busch
der Kompost
die Zucchini
der Eimer
die Schubkarre
die Kartoffelpflanze
Der **Regenwurm** lebt in der Erde und gräbt dort Gänge. Dadurch wird die Erde locker. Das ist gut für die Pflanzen.
der Kohlrabi
die Brombeere
die Kartoffel
der Blumentopf
die Schaufel

Der **Mäusebussard** fliegt über die Wiese und sucht nach Nahrung. Er frisst gerne Feldmäuse! Doch die Maus ist im Gras gut versteckt.

Die Insekten

Auf der Wiese fliegen Bienen, Hummeln und Schmetterlinge von Blume zu Blume. Die Insekten fressen den Nektar in den Blüten. Dabei bestäuben sie die Blumen. So können im nächsten Jahr neue Blumen wachsen.

Auf der Wiese

Auf einer Wiese wachsen Blumen und Gräser. Es gibt keine Bäume und keine Büsche. Wenn du auf der Wiese sitzt und ganz still bist, kannst du es leise summen und brummen hören. Das sind die Insekten, die auf der Wiese leben. Auch größere Tiere wie der Maulwurf und die Feldmaus leben hier. Sie haben Höhlen in die Erde gegraben, in denen sie wohnen.

Im Wald

Im Wald leben viele Tiere. Tagsüber kannst du sie aber nur selten sehen. Dann verstecken sie sich oder schlafen. Erst am Abend werden sie munter und machen sich auf die Suche nach Futter.

Pilze

Im Wald wachsen viele verschiedene Pilze. Sie sind eine wichtige Nahrung für Insekten und andere Tiere. Findest du noch mehr Pilze hier im Wald?

Am Bach

Am Ufer des Baches und in seinem Wasser leben viele Tiere, die fließendes Wasser mögen. Sie bauen hier ihre Höhlen und Nester und finden Nahrung. Die Fische leben ganz im Wasser. Am Bach findest du auch Pflanzen, die feuchte oder nasse Erde zum Wachsen brauchen.

Der **Biber** nagt Äste und ganze Bäume ab. Daraus baut er seine Biberburg, in der er wohnt. Der Damm davor staut das Wasser und schützt die Biberburg.

Basteltipp

Für ein Rindenboot brauchst du ein Stück Rinde, einen Stock und ein großes Blatt. Stecke das Blatt auf den Stock. Macht mit einem Nagel ein kleines Loch in die Mitte der Rinde. Nun kannst du den Stock hineinstecken. Wenn deine Eltern gerade keine Zeit haben, mit dir an den Bach zu gehen, kannst du das Rindenboot auch im Waschbecken schwimmen lassen!

Die **Eintagsfliege** lebt nur einen Tag oder höchstens eine Woche.

Am See

Im See ist das Wasser ruhig und fließt nicht. Es gibt kleine Seen und ganz große, auf denen sogar Schiffe fahren. Auf dem See schwimmen Wasservögel und Seerosen. Im Wasser leben Fische, Insekten und Muscheln. Sogar Schnecken gibt es hier. Sie fressen kleine Algen. Hast du die Schnecke schon entdeckt?

Die **Rohrdommel** ist ein großer Vogel. Trotzdem ist sie im **Schilf** gut versteckt. Sie streckt sich ganz lang nach oben. Mit ihren braunen Federn sieht sie dann aus wie das Schilf.

Schnell weg, damit der Fischotter uns nicht erwischt!

Der **Fischotter** kann sehr gut schwimmen und lange tauchen.

In den Bergen

Die Berge sind riesige Felsen, die ganz weit in die Höhe ragen. Hier oben ist es kälter als unten im Tal. Deshalb wachsen in den Bergen Pflanzen, denen die Kälte nichts ausmacht. Ganz oben auf den Bergen gibt es gar keine Blumen und Bäume mehr. Auch die Tiere, die hier leben, sind an die Kälte angepasst. Viele von ihnen haben ein wärmendes Fell.

Im Winter liegt in den Bergen Schnee. Dann kommen viele Leute zum Skifahren.

Das **Hermelin**, das **Alpenschneehuhn** und der **Schneehase** sind im Sommer braun und im Winter weiß gefärbt.

Die **Zirbelkiefer** ist ein **Nadelbaum**. Sie hat lange, dünne Nadeln als Blätter.

Der **Alpensalamander** versteckt sich im Winter unter der Erde und wartet, bis es wieder warm ist.

Am Strand

Komm, wir gehen an den Strand!
Der Strand besteht aus Sand, so wie in einem Sandkasten. Du kannst eine Sandburg bauen oder Muschelschalen suchen, die das Meer angespült hat. Besteht ein Strand aus kleinen Steinen, ist es ein Kiesstrand. Nach dem Strand beginnt das riesengroße Meer. Man kann nicht sehen, wo es endet. Das Wasser im Meer ist salzig. Das merkst du, wenn du dir nach dem Planschen den Finger ableckst.

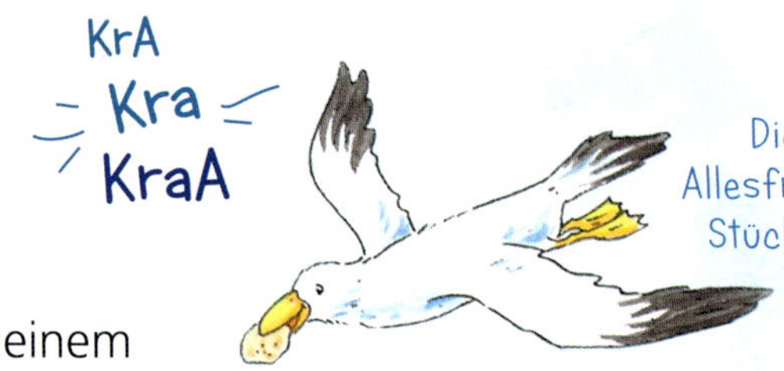

Der Leuchtturm

Manchmal gibt es am Strand einen Leuchtturm. Wenn es dunkel wird, beginnt er zu leuchten wie eine riesige Taschenlampe. Das Licht strahlt weit hinaus aufs Meer. Das hilft den Schiffen, die dort fahren, sich zurechtzufinden.

Mit einem **Gleitschirm** kann man sehr schnell fliegen! Er ist so schnell wie ein Auto in der Stadt.

Leni hat eine **Sandburg** gebaut und mit Muschelschalen geschmückt.

Im Zoo

Warst du schon einmal in einem Zoo? Hier kannst du Tiere aus ganz unterschiedlichen Ländern sehen. Es gibt zum Beispiel Löwen aus dem heißen Afrika und Eisbären aus der Arktis. Dort ist es eisig kalt. Im Zoo leben die Tiere in Gehegen, die so gebaut sind, dass sich die Tiere darin wohlfühlen. Tiere, die gern schwimmen, haben ein großes Wasserbecken. Von den Tierpflegern bekommen sie ihr Futter.

Im Wirtschaftshof bereiten die Tierpfleger das Fressen für die Tiere zu. Es gibt auch einen Raum für Besen und Schaufeln. Damit machen die Tierpfleger die Gehege sauber.
Ich bin ein Löwe. Am liebsten liege ich auf meinem Felsen in der Sonne.
Das Nashorn kommt in einen anderen Zoo. Die Tierpfleger bringen es in eine Transportkiste.
Das Gehege der Löwen hat hohe Glaswände, damit du die Löwen gut sehen kannst.
der Tierpfleger
der Eisstand
Sollen wir uns auch ein Eis kaufen?
das Flusspferd
der Eisbär

Im **Geräteschuppen** sind Schaufel, Heugabel und Besen verstaut. Damit werden die Boxen sauber gemacht.

Auf dem Reiterhof

Auf dem Reiterhof ist heute Sommerfest! Die Kinder zeigen den Besuchern, wie gut sie schon reiten können. Sie springen mit ihren Pferden über Hindernisse und lassen sie im Kreis gehen. Dabei werden manche Pferde von den Reitlehrern an einer langen Leine geführt. Das ist die Longe. Ein Kind macht sogar Turnübungen auf dem Pferd! Das nennt man Voltigieren. Siehst du es? Die Besucher dürfen die Pferde und Ponys streicheln und jedes bekommt eine Möhre oder einen Apfel.

Der **Reitplatz** ist mit Sand bestreut. Darauf können die Pferde gut laufen.

Hufeisen
Die Hufe der Pferde werden häufig mit Hufeisen beschlagen. Sie schützen die Hufe, wenn das Pferd über Steine oder auf der Straße läuft. So, wie die Schuhe unsere Füße schützen.
der Heuballen
Das Heu ist Futter für die Pferde und Ponys.
der Strohballen
der Pferdestall
Die Box ist mit Stroh ausgelegt.
die Sattelkammer
Das Pony ist ein kleines Pferd. Es ist höchstens 148 Zentimeter groß.
die Reitlehrerin
die Hindernisstange
die Reitstiefel

Auf dem Bauernhof

Auf dem Bauernhof gibt es jeden Tag viel zu tun! Die Tiere müssen gefüttert werden und ihr Stall wird ausgemistet. Mit dem Traktor arbeiten Bauer Lukas und Bäuerin Katrin auf dem Feld. Katrin hat die Kuh von der Weide geholt. Die Kuh soll jetzt gemolken werden. Lena füttert inzwischen die Hühner mit Körnern. Die Hühner rupfen auch gerne Pflanzen ab. Oder sie scharren in der Erde nach Würmern und Insekten.

Die Schweine schlafen im **Schweinestall**. Tagsüber sind sie im Freien und suhlen sich im Schlamm. Weißt du noch, was die Wildschweine im Wald machen?

Das **Bauernhaus** steht neben den Ställen. So sind Lukas und Katrin immer bei den Tieren und können für sie sorgen.

Im **Hofladen** verkauft Bäuerin Katrin Gemüse und Obst, das sie selbst angepflanzt hat.

In der Stadt

In der Stadt gibt es viele große Häuser mit Geschäften, in denen man etwas kaufen kann. Im Supermarkt gibt es Lebensmittel und Getränke. Brot, Brötchen und Kuchen kauft man beim Bäcker. In der Buchhandlung kannst du Bücher kaufen.

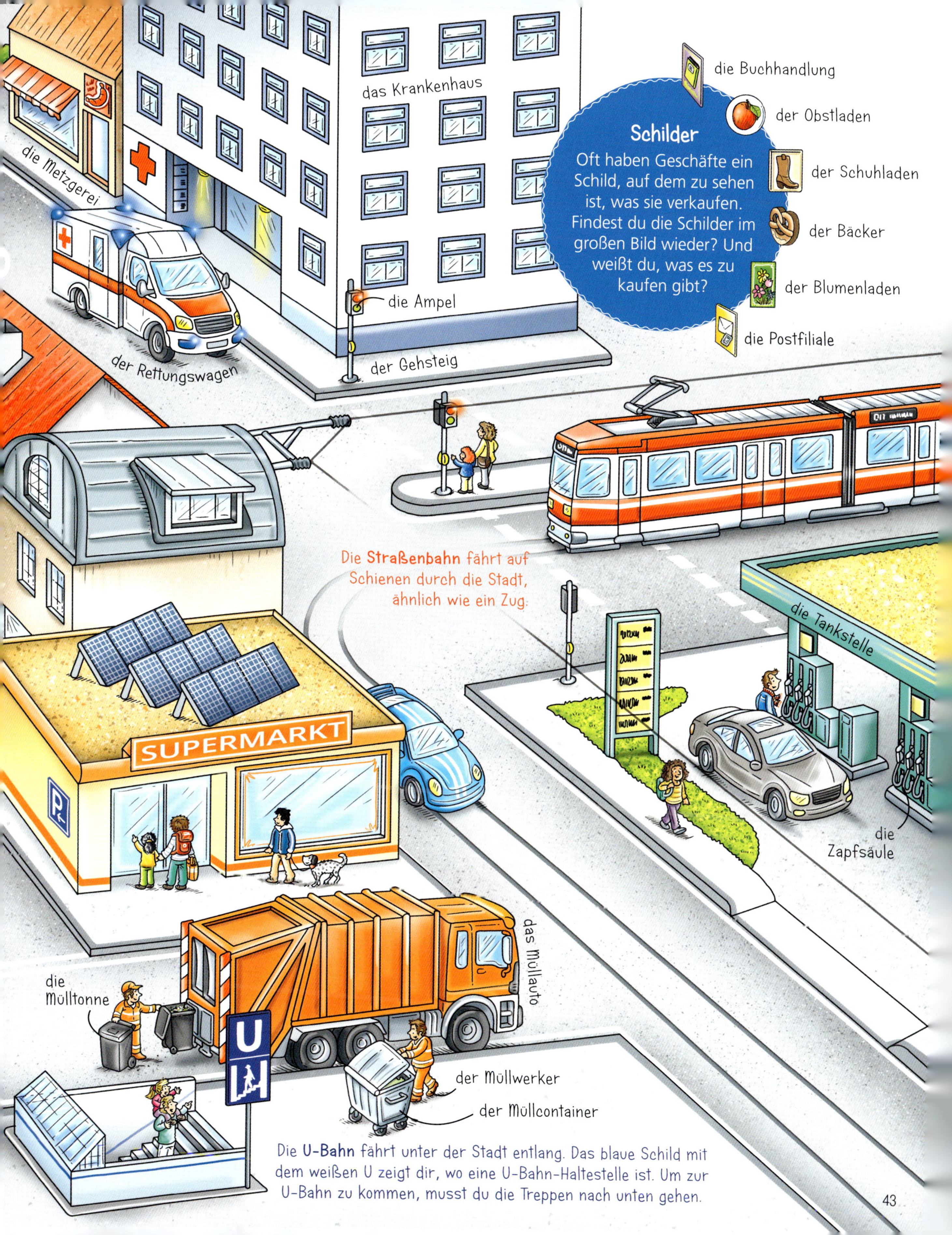

Schilder

Oft haben Geschäfte ein Schild, auf dem zu sehen ist, was sie verkaufen. Findest du die Schilder im großen Bild wieder? Und weißt du, was es zu kaufen gibt?

Die **Straßenbahn** fährt auf Schienen durch die Stadt, ähnlich wie ein Zug.

Die **U-Bahn** fährt unter der Stadt entlang. Das blaue Schild mit dem weißen U zeigt dir, wo eine U-Bahn-Haltestelle ist. Um zur U-Bahn zu kommen, musst du die Treppen nach unten gehen.

Auf der Baustelle

Schau mal, hier werden neue Häuser gebaut! Auf der Baustelle arbeiten viele Bauarbeiter und Handwerker. Große Fahrzeuge helfen ihnen bei der Arbeit. Die Lastwagen bringen Ziegel, Holz und andere schwere Baustoffe. Der Bagger gräbt mit seiner großen Schaufel ganz viel Erde auf einmal aus dem Boden. Und der Baukran kann sogar eine ganze Hauswand durch die Luft heben!

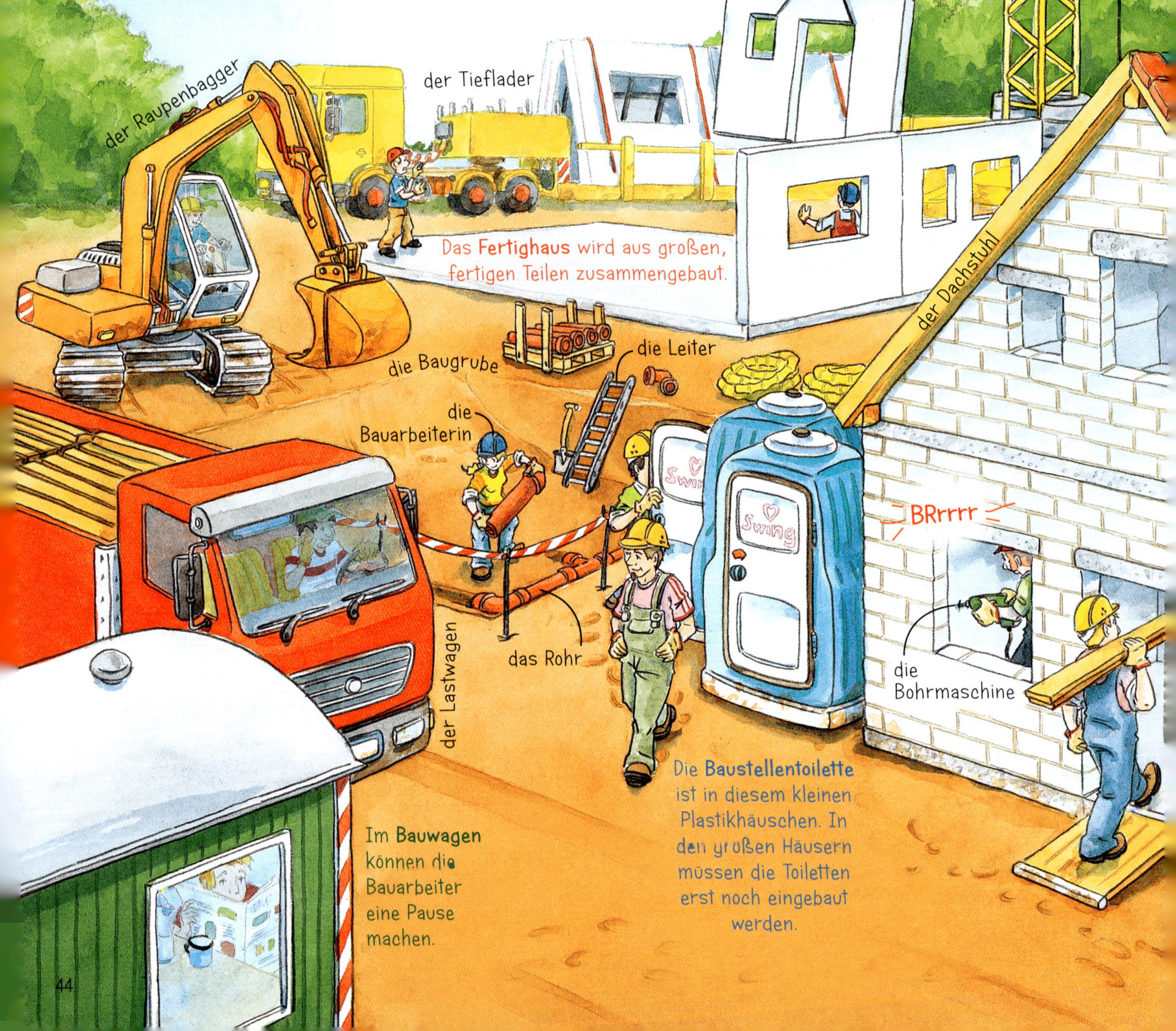

Werkzeuge

Jeder Handwerker braucht besonderes Werkzeug. Der Maler benutzt die Farbe und den Pinsel. Der Schreiner arbeitet mit dem Hammer und der Säge. Der Maurer braucht die Wasserwaage und die Maurerkelle. Schau im großen Bild, wer auch eine Maurerkelle hat!

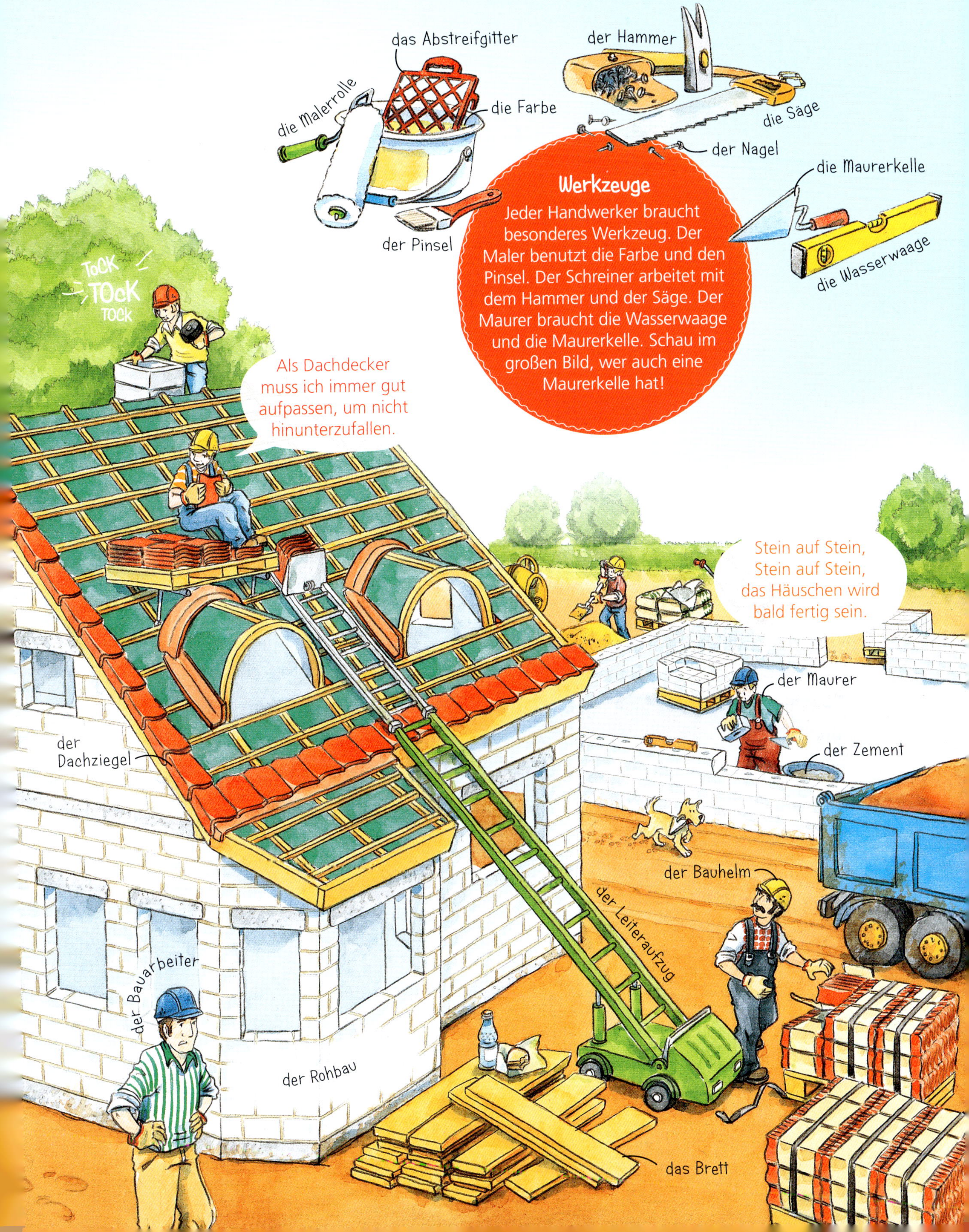

Bei der Polizei

Polizisten haben viele verschiedene Aufgaben. Sie achten darauf, dass sich alle Leute an die Gesetze halten und helfen, wenn jemand in Not ist. Bei einem Unfall regeln sie den Verkehr und bei einem Diebstahl befragen sie Zeugen. Mit ihren Fahrzeugen sind die Polizisten an Land, auf dem Wasser und in der Luft unterwegs.

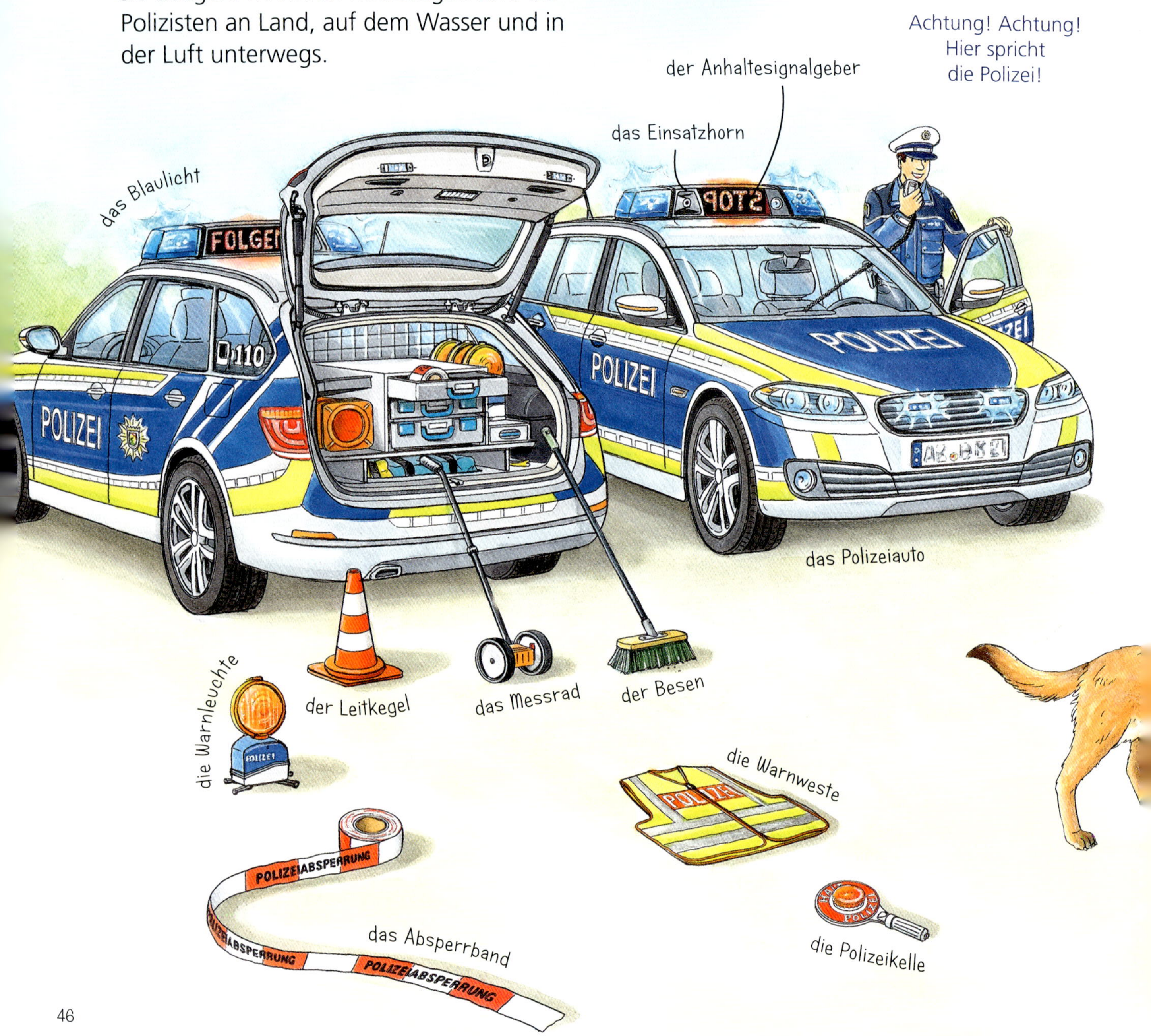

der Polizeibus

Den **Notruf** 110 wählst du, wenn du die Hilfe der Polizei brauchst.

TATüü TAtaaa

der Polizist

das Polizeimotorrad

das Polizeiboot

Die **Wasserschutzpolizei** rettet Menschen, die auf Flüssen, Seen oder dem Meer in Not geraten sind.

die Polizistin

der Dienstausweis

der Polizeihund

die Handschuhe

die Taschenlampe

die Handschellen

Ausrüstung

Zur Uniform der Streifenpolizisten gehört ein besonderer Gürtel. An ihm befestigen sie wichtige Gegenstände. So sind diese schnell griffbereit.

Bei der Feuerwehr

Tatütata! Einsatz für die Feuerwehr! Ein Haus brennt! Die Feuerwehrleute spritzen mit dem Schlauch Wasser auf das Feuer und löschen es. Die Feuerwehr hat außer dem Löschen von Bränden noch viele andere Aufgaben. Sie hilft zum Beispiel bei Überschwemmungen und Verkehrsunfällen. Wenn in der Natur Öl ausgelaufen ist, beseitigt die Feuerwehr es.

Der Schutzanzug schützt mich vor Hitze und Verletzungen.
der Nackenschutz
der Helm
der Handschuh
die Feuerwehrjacke
das Funkgerät
der Handscheinwerfer
der Karabinerhaken
der Leinenbeutel
die Feuerwehrhose
der Knieschoner
der Leuchtstreifen
der Feuerwehrstiefel
der Feuerwehrmann
der Rettungskorb
die Drehleiter
das Drehleiterfahrzeug
FEUERWEHR
das Tanklöschfahrzeug
112
der Feuerwehr-Rettungswagen
EINSATZLEITUNG
die Feuerwehrfrau
der Einsatzleiter
der Einsatzleitwagen
das Löschboot

Im Kindergarten

Gehst du schon in den Kindergarten? Hier kannst du deine Freunde treffen und mit ihnen spielen. Die Erzieherin oder der Erzieher liest euch eine spannende Geschichte vor. Mittags esst ihr dann zusammen. Und wenn das Wetter schön ist, geht eure Kindergartengruppe zum Spielen nach draußen.

PieP
PiEP
die Schaukel
Kannst du mich noch höher anschubsen?
das Klettergerüst
die Rutsche
der Erzieher
Boing
BoinG
Gleich hab ich dich eingeholt!
das Trampolin
Mit den **Fahrzeugen** machen die Kinder ein **Wettrennen**.
der Roller
der Fußball
das Rutschauto
Ich grabe ein gaaanz tiefes Loch!
das Dreirad
der Sandkasten

Beim Kinderarzt

Hast du schon einmal Husten oder Schnupfen gehabt? Dann tut es gut, wenn Mama oder Papa dir eine Tasse Tee machen. Wenn eine Erkältung oder Schmerzen schlimmer werden, kann dir der Kinderarzt oder die Kinderärztin helfen. Sie untersuchen dich vorsichtig und schauen, wo es dir weh tut. Wenn es nötig ist, bekommst du ein Medikament, das dir beim Gesundwerden hilft.

Im **Behandlungszimmer** wird man untersucht. Gerade hört sich die Kinderärztin den Herzschlag von Nico mit einem Stethoskop an. Das tut nicht weh. Wenn man eine Wunde hat, werden hier auch Verbände angelegt und Pflaster aufgeklebt.

Der Gips

Nach einem Unfall kann es sein, dass ein Knochen im Arm oder Bein gebrochen ist. Damit der Knochen wieder richtig zusammenwächst, wird er mit einem Gipsverband geschützt.

Hallo,
ich heiße Emma
und bin ein
Mädchen!

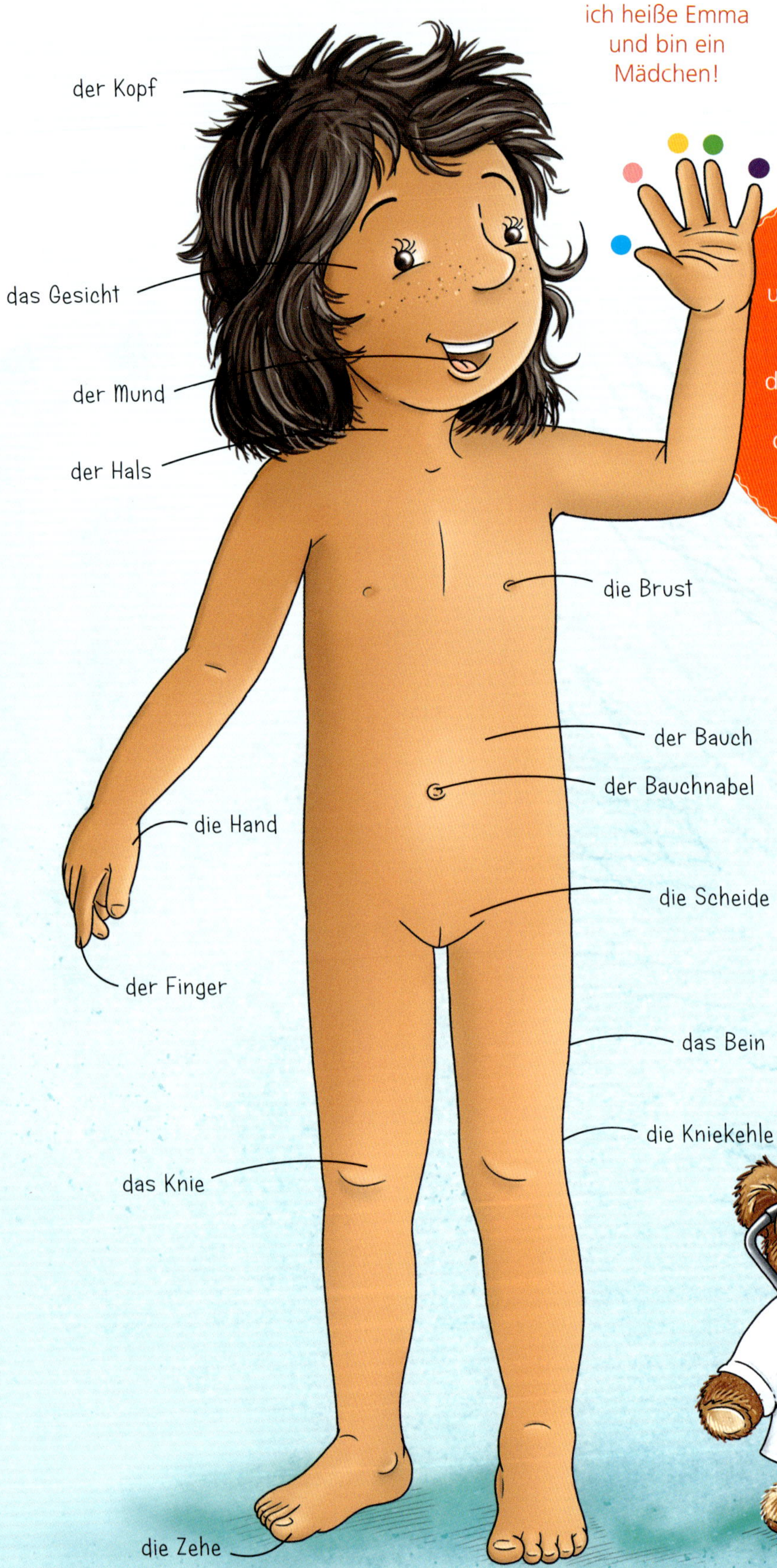

Fingerspiel

Fang beim Daumen an und wackele bei jeder Zeile am nächsten Finger:

Das ist der Daumen,
der schüttelt die Pflaumen,
der hebt sie auf,
der trägt sie nach Haus
und der Kleine
isst sie alle auf.

Es gibt vier Augenfarben: Blau, Grau, Grün und Braun. Welche Farbe haben deine Augen?

Ich heiße Tim und bin ein Junge!

Zu hellen **Haaren** sagen wir, sie sind blond. Es gibt auch braune, rote und schwarze Haare. Bei älteren Menschen werden die Haare im Laufe der Zeit grau oder weiß.

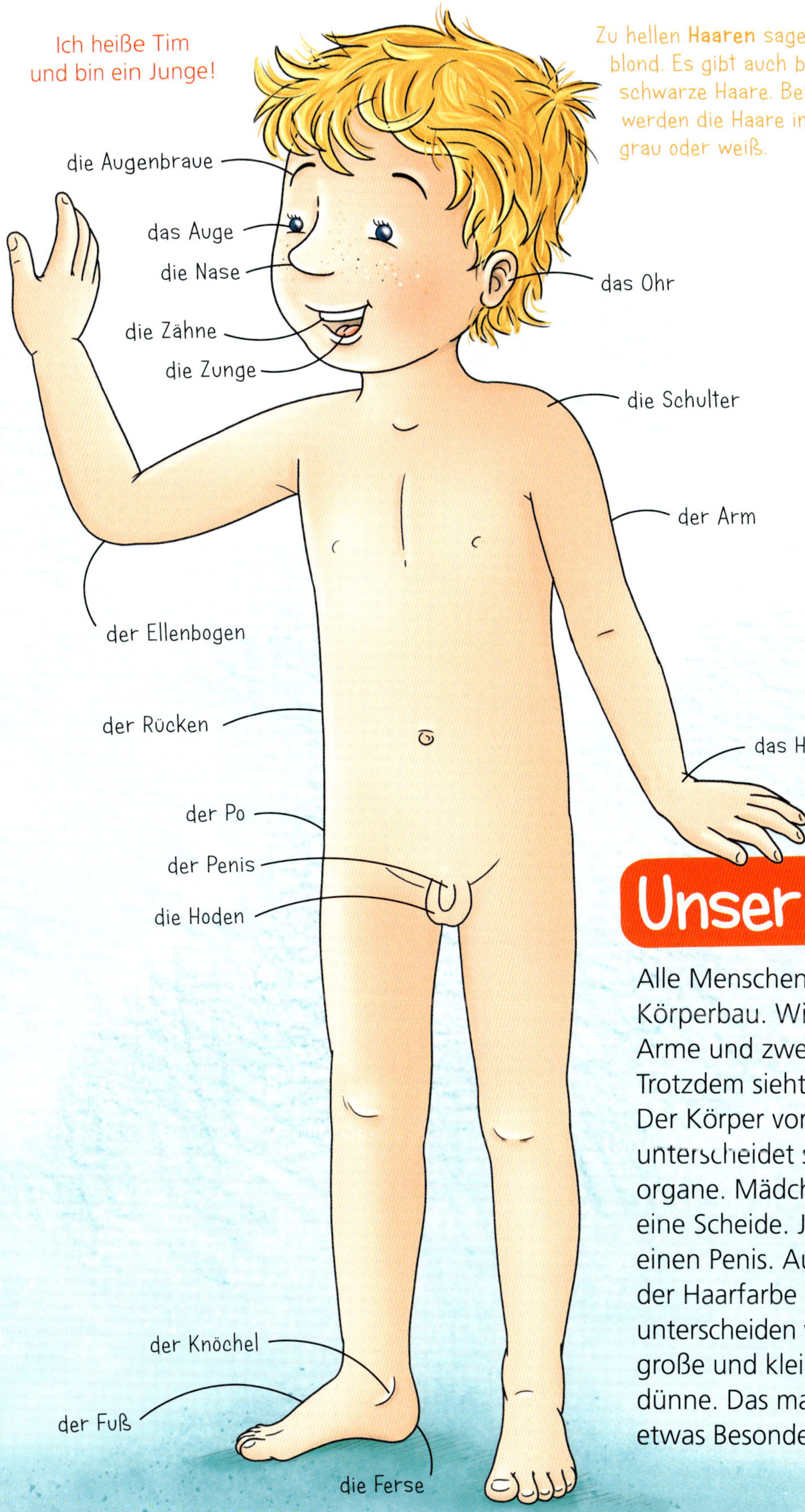

Wir Menschen haben fünf **Sinne**, mit denen wir alles wahrnehmen, was um uns herum ist. Mit den Augen **siehst** du. Mit den Ohren **hörst** du. Mit der Zunge **schmeckst** du. Mit der Nase **riechst** du. Mit der Haut **fühlst** du.

Unser Körper

Alle Menschen haben den gleichen Körperbau. Wir haben einen Kopf, zwei Arme und zwei Beine und einen Rumpf. Trotzdem sieht jeder von uns anders aus. Der Körper von Mädchen und Jungen unterscheidet sich durch die Geschlechtsorgane. Mädchen und Frauen haben eine Scheide. Jungen und Männer haben einen Penis. Auch bei der Hautfarbe, der Haarfarbe und der Farbe der Augen unterscheiden wir Menschen uns. Es gibt große und kleine Menschen, dicke und dünne. Das macht jeden Menschen zu etwas Besonderem – auch dich!

Was du tun kannst

Hier siehst du ganz viele Dinge, die man tun kann. Manches davon kann man schon als Baby, zum Beispiel schlafen oder lachen. Andere Dinge, wie das Lesen oder Klettern muss man erst lernen. Was hast du heute schon gemacht?

Ich brauche erst mal eine Pause!
Zum **Klettern** braucht man viel Kraft!
stehen
sitzen
springen
winken
Huiii
Kannst du schon alleine **schaukeln**? Es ist gar nicht so einfach, Schwung zu holen!
Boing BoinG
hüpfen
rennen
streicheln
Alles Gute zum Geburtstag!
Danke!
schenken
nehmen
tragen
zeigen

Die Jahreszeiten

Bei uns gibt es vier Jahreszeiten: Es sind Frühling, Sommer, Herbst und Winter. In jeder Jahreszeit ist das Wetter anders. Auch die Natur sieht zu jeder Jahreszeit anders aus. Es gibt unterschiedliche Blumen und an den Bäumen wachsen Blüten oder Früchte. Manche Vögel siehst du nur im Frühling und im Sommer. Im Herbst wird es ihnen bei uns zu kalt. Dann fliegen sie in Länder, in denen es wärmer ist und verbringen dort den Winter. Weißt du, welche Jahreszeit gerade ist?

Sommer

Im Sommer ist es schön warm und meist scheint die Sonne. Du kannst im Planschbecken baden!

die Sonnenbrille
die Sonnencreme
die Erdbeere
die Badeschuhe

Es schneit, es schneit,
kommt alle schnell heraus.
Die Welt, die Welt sieht
ganz verwandelt aus.

Herbst

Im Herbst regnet es oft und es weht ein starker Wind. Jetzt kannst du deinen Drachen steigen lassen!

Winter

Im Winter ist es kalt und es kann schneien. Hast du schon einmal einen Schneemann gebaut? Aus zwei Schneebällen kannst du einen ganz kleinen machen!

Farben und Formen

Mit Farben und Formen kannst du Gegenstände beschreiben. Du hast vielleicht ein gelbes oder ein blaues T-Shirt, das du besonders gerne anziehst. Oder du magst ein Muster mit Sternen lieber als eines mit Kreisen. Welche Farben und Formen kennst du schon? Entdeckst du bei dir zu Hause etwas, das rechteckig oder gestreift ist?

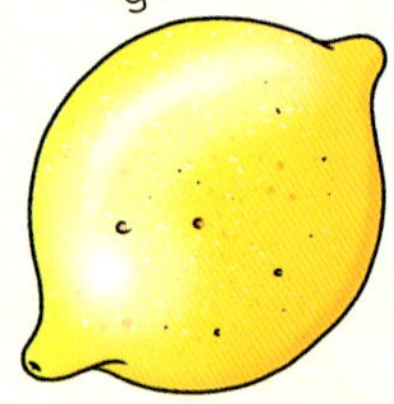

das Viereck

das Rechteck

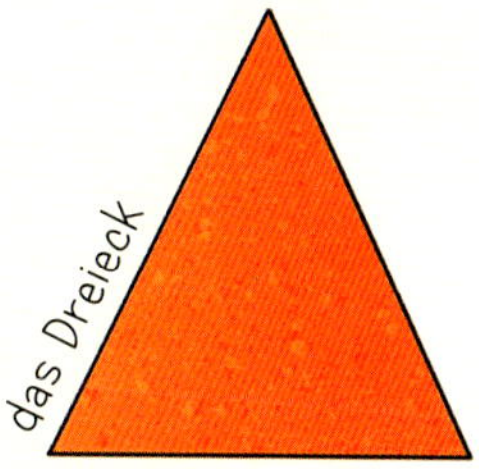

das Dreieck

der Kreis

der Stern

der Ring

die Raute

das Oval

Wenn etwas oval ist, kannst du auch sagen, es ist **eiförmig**.

das Herz

kariert

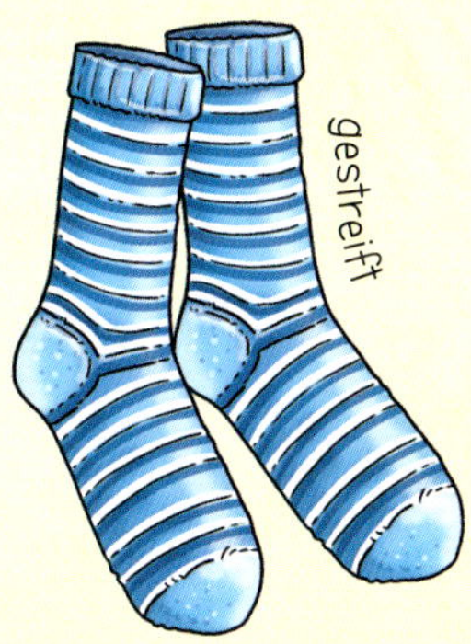

gestreift

gepunktet

Gegensätze

Hier siehst du immer zwei Dinge, die genau das Gegenteil voneinander sind. Ein Kind ist laut, das andere Kind ist leise. Der Traktor ist langsam, das Rennauto ist schnell. Schau dir die Bilder genau an. Welche Gegensätze kennst du?

lang
kurz
sauber
schmutzig
trocken
nass
neu
alt
weich
hart
kalt
heiß
schnell
langsam
groß
Mein Enkel Linus ist viel jünger als ich!
alt
vorne
hinten
Auch Menschen und Tiere werden alt, nicht nur Dinge. Bei Menschen und Tieren ist „jung" der Gegensatz zu „alt".
klein
jung

WAS IST WAS

Mein erstes Lexikon

Illustrationen Cover: Hans-Günther Döring (Im Wald), Dirk Hennig (Auf der Baustelle, Kran U4), Markus Humbach (Das Haus, Bei der Feuerwehr, Hubschrauber Mitte links), Stefan Lohr (Im Zoo, Kind Rücken, Wellensittich U4), Silke Voigt (Auf dem Reiterhof, Auf dem Bauernhof, Am Strand, Möwe Mitte rechts, Luftballon)
Illustrationen Innenteil: Hans-Günther Döring (22-33, 58/59 Einzelillustrationen); Dirk Hennig (1 Kran, 44/45, 58/59 große Szene); Markus Humbach (6-11, 18/19, 46-49); Stefan Lohr (Vorsatz, 1 Spielkiste, 12-17, 20/21, 36/37, 42/43, 50-57, 60-63); Silke Voigt (4/5, 34/35, 38-41)

Text: Sabine Schuck
Gestaltung: Antonia Griebel
Lektorat: Sabine Schuck

FSC www.fsc.org
MIX
Papier aus verantwortungsvollen Quellen
FSC® C002795